BEI GRIN MACHT SICH IHR WISSEN BEZAHLT

AF144721

- Wir veröffentlichen Ihre Hausarbeit, Bachelor- und Masterarbeit

- Ihr eigenes eBook und Buch - weltweit in allen wichtigen Shops

- Verdienen Sie an jedem Verkauf

Jetzt bei www.GRIN.com hochladen
und kostenlos publizieren

Bibliografische Information der Deutschen Nationalbibliothek:

Die Deutsche Bibliothek verzeichnet diese Publikation in der Deutschen National-
bibliografie; detaillierte bibliografische Daten sind im Internet über http://dnb.d-
nb.de/ abrufbar.

Dieses Werk sowie alle darin enthaltenen einzelnen Beiträge und Abbildungen
sind urheberrechtlich geschützt. Jede Verwertung, die nicht ausdrücklich vom
Urheberrechtsschutz zugelassen ist, bedarf der vorherigen Zustimmung des Verla-
ges. Das gilt insbesondere für Vervielfältigungen, Bearbeitungen, Übersetzungen,
Mikroverfilmungen, Auswertungen durch Datenbanken und für die Einspeicherung
und Verarbeitung in elektronische Systeme. Alle Rechte, auch die des auszugsweisen
Nachdrucks, der fotomechanischen Wiedergabe (einschließlich Mikrokopie) sowie
der Auswertung durch Datenbanken oder ähnliche Einrichtungen, vorbehalten.

Impressum:

Copyright © 2015 GRIN Verlag
Druck und Bindung: Books on Demand GmbH, Norderstedt Germany
ISBN: 9783346054074

Dieses Buch bei GRIN:

https://www.grin.com/document/504013

Annika Frings

Religiöse Sozialisation in der Jugend und christliche Überzeugungen von der frühen bis zur späten Lebensmitte

GRIN Verlag

Institut für Soziologie und Sozialpsychologie

Wintersemester 2014/2015

Seminar: Religionssoziologie

Religiöse Sozialisation in der Jugend und Christliche Überzeugungen von der frühen bis zur späten Lebensmitte

Ausarbeitung Referat

Vorgelegt von:

Annika Frings

Studiengang: Soziologie und Empirische Sozialforschung

1. Fachsemester

Inhaltsverzeichnis

1. Einleitung

Diese Arbeit beschäftigt sich mit dem Thema Religiöse Sozialisation und im Besonderen mit dem Text von Klaus Birkelbach und Heiner Meulemann aus dem Jahr 2013. Dieser beschäftigt sich mit dem Thema Religiöse Sozialisation in der Jugend und welchen Einfluss diese auf die christlichen Überzeugungen im weiteren Lebensverlauf nimmt.

Ausgangspunkt der Studie ist dabei die Annahme, dass die religiöse Sozialisation sich mit der Vermittlung von Wissen über eine übernatürliche Welt befasst. Sie beginnt mit der Auferlegen von Dogmen und entwickelt sich hin zur freiwilligen Identifikation. Dabei folgt sie einem Pfad von Abhängigkeit hin zur Unabhängigkeit. Das Individuum muss entscheiden, ob es die religiösen Überzeugungen akzeptieren oder ablehnen will (Birkelbach/Meulemann, 2013).

Ausgehend von diesen Aussagen, wurden drei Forschungsfragen aufgestellt. Zunächst stellt sich die Frage, wie stark die christlichen Überzeugungen in der mittleren Lebensphase durch die christliche Sozialisation in der Jugend geformt werden und zwar im Vergleich zu andern Faktoren der Herkunft oder des Lebenslaufs. Die zweite Forschungsfrage beschäftigt sich damit, wie sich die christlichen Überzeugungen einer Person zwischen der frühen, mittleren und späten Lebensmitte verändern. Während die dritte Forschungsfrage betrachtet, wie sich der Einfluss der christlichen Sozialisation und der anderen Faktoren auf die christlichen Überzeugungen zwischen früher, mittlerer und späterer Lebensphase verändert (ebd.).

Im folgenden werden ich zunächst die Hypothesen die in der Studie untersucht wurden darstellen. Danach werde ich näher auf den Datensatz eingehen, der für die Analysen benutzt wurde und werde anschließend auf die abhängige Variable CHRI, die verschiedenen unabhängigen Variablen und die Kontrollvariablen näher eingehen. Des weiteren folgt eine Darstellung der Ergebnisse der durchgeführten Studie in Relation zu den aufgestellten Hypothesen und eine abschließende Zusammenfassung mit Fazit.

2. Hypothesen

Insgesamt wurden in der Studie von den Autoren neun Hypothesen aufgestellt, die sich in die drei Gruppen Ursachen, Veränderungen und Veränderungen der Ursachen unterteilen lassen. Vier der Hypothesen befassen sich mit den Ursachen von Religiosität, eine mit den Veränderungen und weitere vier Hypothesen betrachten die Veränderungen der Ursachen von Religiosität im Lebenslauf.

Die religiösen Überzeugungen werden meist in der Kindheit entwickelt und zwar beeinflusst von den Eltern und der Schule. Diesen versuchen ihre eigenen religiösen Überzeugungen auf das Kind zu übertragen. Ausgehend von diesen Annahmen wird die Sozialisation's Hypothese auf gestellt, die besagt, dass je größer die Erfahrung mit christlichen Überzeugungen und Ritualen in der Kindheit war, desto stärker bleiben diese auch im Erwachsenenalter bestehen. Dies zweite Hypothese geht von der Annahme aus, das die Beziehung zwischen Gott als „Vater" und Mensch als „Kind" ähnlich ist wie die persönliche Beziehung zwischen Eltern und Kind. Gott ist nicht nur der Gott aller Christen, sondern jedes einzelnen Christen. Es besteht also eine persönliche, paternalistische Beziehung, die zur Ableitung der Generationenhypothese führt und besagt, wenn die intergenerationalen Beziehungen in der Herkunftsfamilie harmonisch waren, werden christliche Überzeugungen als Erwachsener stärker unterstützt (Birkelbach / Meulemann, 2013).

Die ersten beiden Hypothesen beschäftigen sich mit dem Einfluss der Startbedingungen auf die Religiosität, aber diese wird auch durch Entscheidungen im Lebenslauf beeinflusst. Die religiösen Überzeugungen können dadurch gestärkt, aber auch geschwächt werden. Die Arten von Entscheidungen können dabei grob als „self-enhancing" oder „self-transcending" klassifiziert werden. Dabei geht es darum, ob Entscheidungen eher selbstbezogen sind und sich mit dem streben nach eigenem Erfolg und Anerkennung durch Andere beschäftigen oder ob sie über die eigenen Person hinausgehen und sich mit der Sorge um Andere befassen. Daraus ergibt sich die „Self-transcending" Hypothese, die besagt, dass der christliche Glaube bei denen die sich um Andere kümmern bzw. sorgen stärker ist, als bei den Selbstbezogenen. Des weiteren wird angenommen, dass Krisenerfahrungen einen Einflussfaktor auf die Religiosität haben. Der Tod von nahestehenden Personen, persönliche negative Erfahrungen oder Unglück bringen die religiöse Frage zurück ins Bewusstsein . Der Mensch wird sich dadurch seiner Sterblichkeit wieder bewusst und such verstärkt Antworten und Sicherheit in der Religion. Dadurch kommen die Autoren zu ihrer vierten Hypothese, der Krisen Hypothese. Diese besagt, dass je mehr Menschen in ihrem Lebensverlauf mit Krisen konfrontiert werden, desto stärker werden sie an ihren christlichen Überzeugungen festhalten (vgl Birkelbach/Meulemann, 2013).

Die Hypothese, die sich mit den Veränderungen der christlichen Überzeugungen befasst, geht davon aus, dass der christliche Glaube durch verschiedene Faktoren im Lebenslauf beeinflusst wird. Zu diesen Faktoren zählen die Arbeit, die Familie und der Alterungsprozess. So gibt es laut Bahr (1970, zitiert in Birkelbach/Meulemann 2013) in der Lebensmitte zwei Modelle der Religiosität, das „traditional model" und das „family cycle model". Das erstere sieht eine sinkende Bedeutung des christlichen Glaubens in der Lebensmitte, da der Beruf eine starke Rolle für das Individuum spielt. Das „family cyle model" besagt hingegen, dass die Rolle der Religion im Leben des Individuums durch Familie und Elternschaft zu nimmt. Des weiteren wird mit zunehmenden Alter auch die Konfrontation des Individuums mit dem Tod stärker, wodurch die religiöse Frage wieder an Bedeutung gewinnt. Von dieser Tatsache ausgehend wird die fünfte Hypothese, die Alterungshypothese, erstellt. Diese geht davon aus, das die christlichen Überzeugungen mit zunehmenden Alter ansteigen sollten (Birkelbach/Meulemann, 2013).

Die Gruppe der Veränderungen der Ursachen der christlichen Religiosität befasst sich damit, wie die zuvor aufgestellten Hypothesen angepasst werden müssen, um Änderungen im Lebenslauf zu berücksichtigen. Bezüglich den Hypothesen 1 und 2, die sich mit dem Einfluss der Startbedingungen beschäftigen, gehen die Autoren davon aus, dass diese im Laufe der Zeit an Bedeutung verlieren. Daraus ergibt sich die Langzeit Hypothese, die besagt, dass der Einfluss der kindlichen Sozialisation und der intergenerationalen Beziehungen im Lebenslauf abnehmen sollten (ebd.). Aus der „self-transendence" Hypothese werden zwei Hypothesen abgeleitet, die Traditions Hypothese, sowie die Familienzyklus Hypothese. Erste besagt, dass der Beruf die Religiosität weniger in der mittleren, als in der frühen und späten Lebensmitte beeinflusst, während die zweite einen stärkeren Einfluss der familiären Verpflichtungen auf die Religiosität in der mittleren Lebensmitte sieht. Auch die Krisen Hypothese wird angepasst, um Änderungen im Lebenslauf zu berücksichtigen. So wird argumentiert, dass das Individuum mit zunehmenden Alter häufiger mit Krankheit und Tod konfrontiert wird und diese Faktoren eine immer größere Gefahr darstellen. Dadurch wiederum verstärkt sich die Suche nach Sicherheit in der Religion, da eine größere Notwendigkeit hier für besteht. Daraus ergibt sich die Aktualisierungs Hypothese, die davon ausgeht, dass der positive Effekt von Krisenerfahrungen auf die Religiosität mit dem Alter zunehmen sollte (ebd.).

3. Daten und Variablen

Die Analysen in der vorliegenden Studie wurden auf Basis einer Stichprobe durchgeführt. Diese besteht aus Schülern einer 10.Klasse an einem Gymnasium in Nordrhein-Westfalen. Diese wurden im Jahr 1969 zum ersten Mal schriftlich in der Schule interviewt. Diese Befragung wird in den späteren Analysen als F16 bezeichnet, das die Befragten zum Zeitpunkt des ersten Interviews 16 Jahre alt waren. Es folgten drei weitere mündliche Interviews in den Jahren 1984,1997 und 2010, die ebenfalls nach dem Alter mit R30,R43 und R56, benannt wurden. Zu Beginn der Befragungswellen befanden sich 3240 Personen im Panel. Deren Zahl sank aber im Laufe der Jahre ab, so dass in der vierten Welle nur noch 1301 Personen befragt wurden. Die in der Studie durchgeführten Analysen, beziehen sich lediglich auf die 1301 Personen, die in der vierten Befragung noch im Panel waren (Birkelbach/Meulemann,2013). Die im folgenden Kapital vorgestellten Variablen wurden den verschiedenen Befragungen entnommen. Die Variablen zur christlichen Sozialisation in Familie und Schule, über die intergenerationalen Beziehungen, sowie die Kontrollvariablen stammen aus F16. Die Variablen bezüglich des Lebensverlauf und über die christlichen Überzeugungen wurden aus den drei Wiederbefragungen R30, R43 und R56 entnommen (ebd.)

3.1. Abhängige Variable CHRI

In den Befragungen wurden den Befragten drei Aussagen gestellt, anhand derer Rückschlüsse auf ihre religiösen Überzeugungen gezogen werden sollten. Die Befragten hatten zum beantworten der Aussagen „ Für mich hat das Leben nur einen Sinn, weil es einen Gott gibt", „Das Leben hat nur Sinn, weil es ein Leben nach dem Tod gibt" und „ Ich glaube, dass das menschliche Leben einen Sinn hat und einem vorgegeben Plan folgt" fünf Antwortmöglichkeiten. Diese reichten von ich „Stimme vollkommen zu „ bis zu „Ich stimme überhaupt nicht zu" und enthielten auch eine neutrale Kategorie. Aus den gegeben Antworten wurde dann im nach hinein die Variable CHRI konstruiert. Dazu wurden die Werte aus allen Befragungen standardisiert, so dass man eine normal verteilte Variable bekam. Diese nimmt höhere Werte für stärkere religiöse Überzeugungen an (Birkelbach/Meulemann, 2013).

3.2. Unabhängige Variablen

Im Rahmen der Studie wurden eine Vielzahl von Unabhängigen Variablen untersucht, die auf Basis der aufgestellten Hypothesen konstruiert wurden und sich in Gruppen unterteilen lassen. Die erste Gruppe umfasst Variablen zur Beschreibung der christlichen Sozialisation in der Familie sowie in der Schule. Dazu gehört die Variable CONF-UNEQUAL, die misst ob die Eltern des Befragten unterschiedliche Konfessionen haben. Dies ist von Bedeutung, da die Autoren davon ausgehen, dass Kinder mit Eltern verschiedener Konfessionen die religiösen Überzeugungen eher in Frage stellen. Die Variablen S:AGE-RELI, S:AGE-CHURCH, sowie P:AGE-CHURCH dienen zum messen des Alters, ab dem der Befragte selbst darüber entscheiden sollte, ob er am Religionsunterricht bzw. der Messe teilnehmen will. Je höher dabei dass gewählte Alter, desto stärker ist der Effekt der christlichen Sozialisation durch die Eltern. (Birkelbach & Meulemann, 2013)

Bezüglich der christlichen Sozialisation in der Schule wurden zum einem zwei Variablen gebildet, die die Wertschätzung einer christlichen Sozialisation in der Schule durch die Eltern messen. Diese beiden Dummy-Variablen V-CONF-SCHOOL und V-SEC-SCHOOL messen, ob es sich bei der besuchten Schule um eine Konfessionsorientierte Schule handelt oder nicht. Die Variablen RELI-LIKE und RELI-DISL erfragen, ob das Unterrichtsfach Religion zu den drei beliebtesten bzw. den drei unbeliebtesten Fächern gehört. Sie dienen dazu Rückschlüsse darauf zu ziehen, welche Wertschätzung eine christliche Sozialisation für den Schüler hat. Die Variable CONF-MEMB erfragt, ob der Befragte Mitglied einer religiösen Jugendgruppe ist und soll messen, welchen Einfluss die Gruppe der gleichaltrigen auf die Religiosität des Befragten nimmt. Des weiteren wurden in die Analysen noch drei Variablen einbezogen, die aus Interviews mit den Schuldirektoren gebildet wurden. Dies sind die Variable CONF-SCHOOL, die misst ob es sich um eine Konfessionsschule handelt und die beiden Variablen 75PROT und 75Cath, die den Wert eins annehmen, wenn die Schule in einer Gegend ist, in der mehr als 75% Protestanten bzw. Katholiken leben.

Auch zum testen der Hypothesen bezüglich der Generationen Beziehungen wurden fünf unabhängige Variablen gebildet, die messen sollen wie harmonisch die intergenerationalen Beziehungen zwischen dem Befragten und seinen Eltern sind. Die Variable NO-TENSION misst, ob es Probleme mit den Eltern gibt und wenn ja wie stark diese sind. Die Variable SUPPORT erfasst den Grad der Unterstützung durch die Eltern und die Variable NO-INTERFERE wie stark sich diese in schulische Angelegenheiten einmischen. Die Variable AS-PARENTS ist eine Dummy Variable, die anzeigt, ob der Befragte seinen eigenen Kinder später so erziehen würde, wie die Eltern es getan haben. Zum Schluss wurde in der Variable SIBLING noch die Anzahl der Geschwister erfasst, die als Indikator dienen soll, wie wichtig den Eltern die intergenerationalen Beziehungen sind (Birkelbach/Meulemann,2013).

Alle die bisher aufgeführten Variablen wurden in der in der ersten Befragung erfasst, die weiteren Variablen, die den Lebenslauf und die Krisenerfahrungen betreffen stammen dagegen aus den Befragungen R30,R43 und R56.

Die Variablen über den Lebenslauf beinhalten Variablen über die Verpflichtungen in Familie und Beruf, sowie über den Erfolg den Individuums und dienen der Messung deren Einfluss auf die christlichen Überzeugungen. Die Variablen PERSON-OCC und EMPL-SPAN befassen sich mit dem Beruf und messen, wie stark der Befragte im Beruf mit Anderen in Interaktion steht und seine Beschäftigungsdauer. Bezüglich der Verpflichtungen in der Familie wird mit den Variablen MARR und CHILD erfasst, ob der Befragte verheiratet ist bzw. Kinder hat. Als wichtiger aber als die Frage, ob der Befragte verheiratet bzw. Kinder hat oder nicht wird aber die Wertschätzung angesehen, die Partner und Familie für den Befragten haben. Aus diesem Grund wurden mit V-PARTN und V-CHILD zwei Variablen aufgenommen, die der Erfassung deren Wertigkeit dienen. (Birkelbach/Meulemann, 2013). Außerdem wurden mehrere Variablen inkludiert, die den Erfolg im Beruf und das streben nach Anerkennung durch Andere erfassen sollen. So wurde in der Variable EVER-UNIV erfragt, ob der Befragte eine Universität besucht hat. Außerdem wurde das höchste Einkommen zwischen den Befragungen erfragt (INCOME), welchen Wert der Beruf für den Befragten hat (V-OCCUP) und mit der Variable PRESTIGE das berufliche Prestige (ebd.).

Um die den Einfluss von Krisenfaktoren zu analysieren, wurde die Variable ILL-DEATH gebildet. Dafür wurden den Befragten drei Fragen gestellt, über Entscheidungen mit negativen Folgen, die sie im nach hinein anders getroffen hätten bzw. Entwicklungen, die sie bereuen (ebd.).

3.3. Kontrollvariablen

Ebenfalls wurden sieben Kontrollvariablen bei den durchgeführten Analysen berücksichtigt, die aus Daten der ersten Befragung aus dem Jahr 1969 stammen. Zum einem die Variable WOMEN, die das Geschlecht berücksichtigt. Außerdem die Variable CATH, die anzeigt, ob der Befragte mit 16 Jahren Mitglied einer Religionsgemeinschaft war. Sie nimmt den Wert 1 an, wenn der Befragte in einer katholischen Gemeinde war und den Wert 0 für die Antworten Protestant bzw. ohne Konfession. Die Dummy Variable CITY zeigt an, ob der Befragte aus einer Stadt mit mehr als 100.000 Einwohnern stammt. Die Variablen IST und GRADE messen die Intelligenz und die Durchschnittsnote in den schulischen Hauptfächern. Des weiteren wurden noch zwei weitere Variablen gebildet, die die soziale Herkunft der Befragten erfassen sollen. Dies ist zum einem die Variable F-PREST, die das berufliche Ansehen des Vater misst und zum anderen die Variable P-EDUC, die anzeigt, ob ein Elternteil einen höheren Bildungsabschluss absolviert hat. (Birkelbach & Meulemann, 2013)

4. Analyseschritte

Die Analyse, deren Ergebnisse in den folgenden Kapiteln vorstellt werden, umfasste zwei Schritte. Im ersten Schritt wurden die Korrelationen und die Regressionsanalysen mit allen unabhängigen Variablen für jede einzelne Befragung berechnet. Auf Basis der Signifikanz dieser Ergebnisse, wurde der Satz der Unabhängigen Variablen in Schritt zwei reduziert und ein kombinierter Datensatz aus den Befragungen gebildet. In diesem kombinierten Datensatz ist jeder Befragte drei mal enthalten, was zu Problemen bei den Analysen führen kann. Aufgrund dessen wurde eine spezielle Panel Regression Methode genutzt, das sogenannte Hybrid Model. Dieses berücksichtigt Fehlerkorrelationen innerhalb einer Person. Außerdem untersucht es kausale Effekte der Veränderungen einer Person und hilft den Einfluss von zeit konstanten unabhängigen Variablen zu beurteilen.

5. Ergebnisse

5.1. Korrelationen und Regressionsanalysen für jede Befragung

Bei den durchgeführten Analysen wurden in einem ersten Schritt die Korrelationen und Regressionen für jede der Befragungen einzeln berechnet. Die Werte der Korrelationen aller unabhängigen Variablen mit der abhängigen Variable CHRI sind in Tabelle 1 dargestellt (siehe S.12). Es zeigte sich, dass alle Variablen zur christlichen Sozialisation in der Familie wie erwartet signifikant sind. Die stärkste Korrelation mit CHRI weist dabei die Variable V-SEC auf (siehe Tabelle1). Auch die Variablen zur Sozialisation in der Schule korrelieren wie in den Hypothesen erwartet, allerdings schwächer als erwartet und nicht immer signifikant. Die Variable CONF-MEMB ist die einzige, die in allen Analysen signifikante Werte aufweist (Birkelbach/ Meulemann,2013). Auf Basis dieser Ergebnisse kann die Sozialisations Hypothese bestätigt werden. Die Sozialisation, vor allem in der Familie, hat den stärksten Einfluss auf die christlichen Überzeugungen. Bei den Variablen zu den intergenerationalen Beziehungen weisen nur AS-PARENTS und SIBLING durchgehend eine positive Korrelation mit CHRI auf. Wobei die Korrelation von CHRI mit AS-PARENTS im Laufe der Befragungen stärker wird, während die Korrelation mit SIBLING sinkt. Die Hypothese der intergenerationalen Beziehungen wurde daher nur teilweise bestätigt.

Von den Variablen betreffend der Verpflichtungen im Lebenslauf zeigt der Beruf nicht den erwarteten Einfluss, die familiären Verpflichtungen dagegen schon. Die Korrelationen von CHILD und V-CHILD nehmen zwar ab, bleiben aber in allen Befragungen signifikant. Die Korrelationen von MARR und VPARTN nehmen im Lauf der Befragungen ab. Die Variablen über den Erfolg korrelieren wie erwartet negativ mit den christlichen Überzeugungen. Allerdings ist EVER-UNIV die einzige Variable, die über alle drei Befragungen hinweg signifikante Werte annimmt. Diese bleiben mit Korrelationswerten von -.16 bis -.15 auch annähernd gleich. Die Variablen INCOME und PRESTIGE sind dagegen nur in R56 bzw. in R43 und 56 signifikant. V-OCCUP ist in keiner der drei Befragungen signifikant, hat also nicht den erwartet negativen Einfluss. So kann auch die self-transcendence Hypothese nur teilweise bestätigt werden. Die Verpflichtungen im Lebenslauf haben einen Einfluss auf die christlichen Überzeugungen, wobei der Einfluss der familiären Verpflichtungen stärker ist als der der Beruflichen.

Auch die Variable ILL-DEATH weicht von den Erwartungen ab. Nur in den Befragungen R43 und R56 zeigt sich ein signifikant positiver Effekt von Krisenerfahrungen auf die christlichen Überzeugungen. Dieser ist allerdings mit Korrelationen von .08 und .07 geringer als angenommen und steigt auch nicht wie vorhergesagt mit dem Alter weiter an, sondern nimmt sogar ab. Die Krisenhypothese wurde daher von den Autoren nur als vorläufig bestätigt angesehen (Birkelbach / Meulemann, 2013).

Bezüglich der Kontrollvariablen zeigen sich folgende Zusammenhänge mit CHRI: Frauen sind deutlich religiöser als Männer und diese Differenz nimmt mit dem Alter noch weiter zu. Auch bei den Katholiken sind die christlichen Überzeugungen stärker ausgeprägt, als bei der Gruppe der Protestanten. Die Intelligenz und die Schulnoten stehen beide in einem negativen Zusammenhang mit CHRI, genauso wie die soziale Herkunft. Außerdem zeigt sich, das Personen, die in größeren Städten Leben weniger religiös sind (ebd.).

Für die Hypothesen der Veränderungen der Ursachen von christlichen Überzeugungen fallen die Ergebnisse unterschiedlich aus. Die Langzeithypothese, die einen sinkenden Einfluss der Startbedingungen erwartet, kann nur für einige Variablen bestätigt werden. Der Effekt anderer Variablen wie CONF-UNEQUAL bleibt hingegen gleich und der Effekt von GENDER;ASPARENTS und CONF-MEMB nimmt sogar zu. Die Traditions Hypothese kann nur für PRESTIGE bestätigt werden, während die Familienzyklus Hypothese nie bestätigt werden kann. Die Aktualisierung Hypothese kann zwischen den Befragungen R30 und R43 bestätigt werden (ebd).

Tabelle1: Korrelationen der unabhängigen Variablen mit CHRI für jede Welle (Quelle:nach Birkelbach/Meulemann ,2013)

	H	Range	N	R30	R43	R56
Christian Sozialisation: Family						
CONF-UNEQUAL	-	0/1	1129	-.09	-.10	-.08
S:AGE-RELI	+	11-20	1276	.15	.11	.12
S:AGE-CHURCH	+	11-20	1275	.17	.12	.12
P:AGE-CHURCH	+	11-21	1095	.13	.09	.09
V-CONF-SCHOOL	+	0/1	1079	.15	.16	.10
V-SEC-SCHOOL	-	0/1	1079	-.18	-.18	-.16
Christian Sozialisation:School						
RELI-LIKE	+	0/1	1283	.00	-.01	.03
RELI-DISL	-	0/1	1281	-.04	-.03	-.03
CONF-MEMB	+	0/1	1263	.07	.11	.10
CONF-SCHOOL	+	0/1	1301	.08	.07	.05

	H	Range	N	R30	R43	R56
75PROT	+	0/1	1301	.03	.01	.04
75Cath	+	0/1	1301	**.13**	**.07**	**.04**
Good intergenerational relations in family						
NO-TENSION	+	1-4	1284	.06	.03	.05
SUPPORT	+	1-4	1271	-.00	.02	-.00
NO-INTERFERE	+	1-3	1280	.01	.04	.01
AS-PARENTS	+	0/1	1283	**.07**	**.08**	**.10**
SIBLING	+	1-7	1284	**.14**	**.11**	**.07**
Life course: obligations						
PERSON-OCC	+	0/1	1300	.03	.05	.07
EMPL-SPAN	+	0-175	1301	**.14**	**-.11**	**-.06**
MARR	+	0/1	1298	**.24**	**.11**	.04
CHILD	+	0/1	1301	**.19**	**.11**	**.10**
V-PARTN	+	1-7	1293	**.06**	.04	.02
V-CHILD	+	1-7	1288	**.27**	**.14**	**.16**
Life course:Success						
EVER-UNIV	-	0/1	1301	**-.16**	**-.16**	**-.15**
INCOME	-	0-25000	1057	-.02	-.04	**-.10**
PRESTIGE	-	0-187	1301	.01	**-.12**	**-.09**
V-OCCUP	-	1-7	1296	-.04	.01	-.05
Crisis experiences						
ILL-DEATH	+	0-4	1294	-.01	**.08**	**.07**
Control variables						
WOMAN	?	0/1	1301	**.09**	**.14**	**.15**
CATH	?	0/1	1301	**.13**	**.11**	**.08**
IST	?	76-151	1281	**-.20**	**-.16**	**-.17**
GRADE	?	228-696	1282	**-.08**	**-.08**	-.05
FA-PREST	?	19-82	1263	**-.08**	**-.08**	**-.07**
P-EDUC	?	1-6	1275	**-.07**	-.03	-03
CITY	?	0/1	1301	**-.15**	**-.12**	**-.09**

Correlations in bold: significant at least at 5% level.

H: Hypothesis

5.2. Analysen mit dem kombinierten Datensatz

Wie bereits in Kapitel vier erwähnt, wurden in einem zweiten Schritt Analysen mit einer reduzierten Anzahl von unabhängigen Variablen und einem kombinierten Datensatz durchgeführt. Die in die Analysen einbezogenen Variablen, sowie die Ergebnisse der Hybrid Regressionen sind in Tabelle 2 dargestellt (siehe S. 14).

Die Sozialisations Hypothese kann für alle Variablen bestätigt werden, sowohl die Sozialisation in der Familie, als auch die Sozialisation in der Schule nimmt einen signifikanten Einfluss auf die christlichen Überzeugungen. Auch die Variable AS-PARENTS zeigt einen signifikanten Effekt, so dass auch die Generationen Hypothese bestätigt werden kann. Durch die Tatsache, dass diese Variablen zu einem früheren Zeitpunkt gemessen wurden als die christlichen Überzeugungen, kann ihr Einfluss als kausal betrachtet werden. Die Variablen zur Sozialisation, sowie den intergenerationalen Beziehungen sind daher die Ursache für die christlichen Überzeugungen in den Befragungen R30-R56 (Birkelbach/ Meulemann, 2013).

Die self-transcendence Hypothese kann nicht generell, sondern nur für einige Variablen bestätigt werden. So konnte kein kausaler Effekt der Ehe auf die Religiosität festgestellt werden, sie führt also nicht dazu, dass die christlichen Überzeugungen einer Person stärker werden. Es konnte lediglich ein Unterschied zwischen Verheirateten und Nicht-Verheirateten Befragten festgestellt werden. Erstere haben im Durchschnitt höhere Werte für christliche Überzeugungen. Die Wertigkeit von Kindern ist hingegen höchst signifikant. Personen die Kinder als wichtig erachten, sind im Durchschnitt religiöser. Je wichtiger Kinder für den Befragten sind, desto wichtiger ist auch der christliche Glaube und umgekehrt. Außerdem ist der Effekt von Kindern eindeutig kausal, so dass wenn die Wichtigkeit von Kindern für eine Person zunimmt, auch deren christlichen Überzeugungen ansteigen. Auch für den Besuch einer Universität besucht zeigt die Regression einen auf dem 0.1 Prozent Level signifikanten Effekt. Die Werte der Variable CHRI sind bei Befragten mit Universitätsabschluss um .196 geringer ausgeprägt, als bei denen die nie eine Universität besucht haben. Allerdings konnte auch für diese Variable kein kausaler Effekt festgestellt werden (Birkelbach/ Meulemann, 2013).

Die Krisenhypothese kann mittels der Hybrid Regressionen bestätigt werden. Allerdings ist nur der Wert der Konstanten signifikant nicht der Wert, der die Veränderung innerhalb einer Person misst. Somit kann auch für die Erfahrung mit Krankheit und Tod kein kausaler Effekt festgestellt werden. Die Alterungshypothese zeigt auch nicht den erwarteten Effekt. Die christlichen Überzeugungen steigen lediglich zwischen den Befragungen R30 und R43 an, nicht aber danach. Somit hat der Alterungsprozess nicht den erwartet verstärkenden Einfluss auf die Religiosität. Von den vier Hypothesen aus der Gruppe, die sich mit den Veränderungen der Ursachen von christlichen Überzeugungen befassen, konnte keine bestätigt werden (ebd.).

Tabelle 2: Hybrid Regressionen (Quelle: Birkelbach/Meulemann, 2013)

Intercept		.030		(.360)
Christian Socialization: Family				
CONF-UNEQUAL	-	-.203	**	(.078)
S: AGE-CHURCH	+	.051	**	(.078)
V-CONF-SCHOOL	+	.158	*	(.070)
V-SEC-SCHOOL	-	-.264	***	(.054)
Christian Socialization: School				
RELI-DISL	-	-.095	*	(.048)
CONF-MEMB	+	.169	*	(.073)
Good intergenerational relations in family				
AS-PARENTS	+	.143	**	(.047)
Life course, crisis experiences				
M-MARR	+	.153	+	(.079)
D-MARR	+	-.013		(.038)
M-V-CHILD	+	.071	***	(.018)
D-V-CHILD	+	.033	***	(.010)
M-EVER-UNIV	-	-.196	***	(.059)
D-EVER-UNIV	-	-.098		(.208)
M-ILL-DEATH	+	.246	***	(.072)
D-ILL-DEATH	+	-011		(.026)
Control variables				
WOMAN	?	.212	***	(.048)
CATH	?	.107	*	(.050)
IST	?	-.011	***	(.002)
D-CITY	-	.039		(.052
M-CITY	-	-.154	**	(.053)
Wave				
R30		-.075	**	(.028)
R43		.014		(.027)
Variance components				
N (subjects)		1028		
N (observations)		3040		
Random effects		.415	***	(.024)
Error		.345	***	(.011)
AIC		7040.9		

Df: degrees of freedom, *** p<.001, **p<.01, *p<.05,+p<.10

D: Prefix of variable name: Deviation from person centred mean; M: subject specific mean.

6. Zusammenfassung und Fazit

Die in dieser Arbeit vorgestellte Studie befasste sich mit der religiösen Sozialisation und ging von drei Forschungsfragen aus. Es sollte wollte untersuchen werden, wie stark die christliche Sozialisation die christlichen Überzeugungen formt, wie sich diese im Lebenslauf ändern und ob sich die Effekte der christlichen Sozialisation und anderer Faktoren im Verlauf des Lebens verändern.

Es hat sich gezeigt, dass die christliche Sozialisation in der Familie den stärksten positiven Effekt auf die christlichen Überzeugungen hat. Das gleiche positive Ergebnis wurde ebenfalls für den Einfluss der Sozialisation in der Schule festgestellt, wenn auch in einem geringeren Ausmaß. Im Lebensverlauf beeinflusst nur die Wichtigkeit von Kindern die Religiosität einer Person positiv. Ansonsten besteht kein kausaler Effekt des Lebenslaufs. Auch konnte kein kontinuierlicher Anstieg der Religiosität im Lebenslauf nachgewiesen werden, sondern lediglich ein Anstieg zwischen der frühen und mittleren Lebensphase. Weiter konnten keine Veränderungen bezüglich des Einfluss der Ursachen von Religiosität festgestellt werden.

Abschließend lässt sich festhalten, das die Startbedingungen ihren Einfluss auf die religiösen Überzeugungen einer Person nicht verlieren. Der Einfluss den Verpflichtungen und Erfolg im Lebenslauf nehmen nimmt dagegen mit der Zeit wieder ab. Somit sind für die christlichen Überzeugungen vor allem die Startbedingungen von größter Bedeutung. Sie prägen die Religiosität in Kindheit und Jugend und üben einen lebenslangen Effekt auf diese aus.

7. Literaturverzeichnis

Birkelbach, Klaus & Heiner Meulemann, 2013: Christian Socialisation during Youth and
Christian Convictions from Early to Late Midlife. Journal of Religion in Europe 6 (4), p. 399-
427. http://booksandjournals.brillonline.com/content/journals/18748929/6/4